В. ГАУФ

МАЛЕНЬКИЙ МУК

ПЕРЕВЁЛ И ПЕРЕСКАЗАЛ М. САЛЬЕ

РИСУНКИ В. ВЛАСОВА

Издательство
«Облака»
2015

В городе Никее, на моей родине, жил человек, которого звали Маленький Мук. Хотя я был тогда мальчиком, я очень хорошо его помню, тем более что мой отец как-то задал мне из-за него здоровую трёпку. В то время Маленький Мук был уже стариком, но рост имел крошечный. Вид у него был довольно смешной: на маленьком, тощем тельце торчала огромная голова, гораздо больше, чем у других людей.

Маленький Мук жил в большом старом доме совсем один. Даже обед он себе сам стряпал. Каждый полдень над его домом появлялся густой дым; не будь этого, соседи не знали бы, жив карлик или умер. Маленький Мук выходил на улицу только раз в месяц — каждое первое число. Но по вечерам люди часто видели, как Маленький Мук гуляет по плоской крыше своего дома. Снизу казалось, будто одна огромная голова движется взад и вперёд по крыше.

Я и мои товарищи были злые мальчишки и любили дразнить прохожих. Когда Маленький Мук выходил из дому, для нас был настоящий праздник. В этот день мы толпой собирались перед его домом и ждали, пока он выйдет. Вот осторожно раскрывалась дверь. Из неё высовывалась большая голова в огромной чалме. За головой следовало всё тело в старом полинялом халате и просторных шароварах. У широкого пояса болтался кинжал, такой длинный, что трудно было сказать, кинжал ли прицеплен к Муку или Мук прицеплен к кинжалу.

Когда Мук наконец выходил на улицу, мы приветствовали его радостными криками и плясали вокруг него, точно шальные. Мук с важностью кивал нам головой и медленно шёл по улице, шлёпая туфлями. Туфли у него были прямо огромные — таких никто никогда раньше не видал. А мы, мальчишки, бежали за ним и кричали: «Маленький Мук! Маленький Мук!» Мы даже сочинили про него такую песенку:

Крошка Мук, крошка Мук,
Оглянись скорей вокруг,
Оглянись скорей вокруг
И поймай нас, крошка Мук!

Мы часто потешались над бедным карликом, и приходится сознаться, хоть мне и стыдно, что я больше всех обижал его. Я всегда норовил схватить Мука за полу халата, а раз даже нарочно наступил ему на туфлю так, что бедняга упал. Это показалось мне очень смешно, но у меня сразу пропала охота смеяться, когда я увидел, что Маленький Мук, с трудом поднявшись, пошёл прямо к дому моего отца. Он долго не выходил оттуда. Я спрятался за дверь и с нетерпением ожидал, что будет дальше.

Наконец дверь открылась, и карлик вышел. Отец проводил его до порога, почтительно поддерживая под руку, и низко поклонился ему на прощанье. Я чувствовал себя не очень-то приятно и долго не решался вернуться домой. Наконец голод пересилил мой страх, и я робко проскользнул в дверь, не смея поднять голову.

— Ты, я слышал, обижаешь Маленького Мука, — строго сказал мне отец. — Я расскажу тебе его приключения, и ты, наверно, больше не станешь смеяться над бедным карликом. Но сначала ты получишь то, что тебе полагается.

А полагалась мне за такие дела хорошая порка. Отсчитав шлепков сколько следует, отец сказал:

— Теперь слушай внимательно.

И он рассказал мне историю Маленького Мука.

Отец Мука (на самом деле его звали не Мук, а Мукра) жил в Никее и был человек почтенный, но небогатый. Так же как Мук, он всегда сидел дома и редко выходил на улицу. Он очень не любил Мука за то, что тот был карлик, и ничему не учил его.

— Ты уже давно сносил свои детские башмаки, — говорил он карлику, — а всё только шалишь и бездельничаешь.

Как-то раз отец Мука упал на улице и сильно ушибся. После этого он заболел и вскоре умер. Маленький Мук остался совсем один, без гроша денег. Родственники отца выгнали Мука из дому и сказали:

— Иди по свету, может, и найдёшь своё счастье.

Мук выпросил себе только старые штаны и куртку — всё, что осталось после отца. Отец у него был высокий и толстый, но карлик не долго думая укоротил и куртку и штаны и надел их. Правда, они были слишком широки, но с этим уж карлик ничего не мог поделать. Он обмотал голову вместо чалмы полотенцем, прицепил к поясу кинжал, взял в руку палку и пошёл куда глаза глядят.

Скоро он вышел из города и целых два дня шёл по большой дороге. Он очень устал и проголодался. У него не было с собой никакой пищи, и он ел одни коренья, которые росли в поле. А ночевать ему приходилось прямо на голой земле.

На третий день утром он увидел с вершины холма большой, красивый город, украшенный флагами и знамёнами. Маленький Мук собрал последние силы и пошёл к этому городу.

«Может быть, я наконец найду там своё счастье», — говорил он сам себе.

Хотя казалось, что город совсем близко, но Муку пришлось идти до него целое утро. Только в полдень он наконец достиг городских ворот. Город был весь застроен красивыми домами. Широкие улицы были полны народа. Маленькому Муку очень хотелось есть, но никто не открыл перед ним двери и не пригласил его зайти и отдохнуть.

Карлик уныло брёл по улицам, еле волоча ноги. Он проходил мимо одного высокого, красивого дома, и вдруг в этом доме распахнулось окно и какая-то старуха, высунувшись, закричала:

Сюда, сюда —
Готова еда!
Столик накрыт,
Чтоб каждый был сыт.
Соседи, сюда —
Готова еда!

И сейчас же двери дома открылись, и туда стали входить собаки и кошки — много-много кошек и собак. Мук подумал, подумал и тоже вошёл. Как раз перед ним вошли двое котят, и он решил не отставать от них — котята-то, уж наверно, знали, где кухня.

Мук поднялся наверх по лестнице и увидел ту старуху, которая кричала из окна.

— Что тебе нужно? — сердито спросила старуха.

— Ты звала обедать, — сказал Мук, — а я очень голоден. Вот я и пришёл.

Старуха громко рассмеялась и сказала:

— Откуда ты взялся, парень? Все в городе знают, что я варю обед только для моих милых кошек. А чтобы им не было скучно, я приглашаю к ним соседей.

— Накорми уж и меня заодно, — попросил Мук.

Он рассказал старухе, как ему пришлось туго, когда умер его отец, и старуха пожалела его.

Она досыта накормила карлика и, когда Маленький Мук наелся и отдохнул, сказала ему:

— Знаешь что, Мук? Оставайся-ка ты у меня служить. Работа у меня лёгкая, и жить тебе будет хорошо.

Муку понравился кошачий обед, и он согласился. У госпожи Ахавзи (так звали старуху) было два кота и четыре кошки. Каждое утро Мук расчёсывал им шёрстку и натирал её драгоценными мазями. За обедом он подавал им еду, а вечером укладывал их спать на мягкой перине и укрывал бархатным одеялом.

Кроме кошек, в доме жили ещё четыре собаки. За ними карлику тоже приходилось смотреть, но с собаками возни было меньше, чем с кошками. Кошек госпожа Ахавзи любила, точно родных детей.

Маленькому Муку было у старухи так же скучно, как у отца: кроме кошек и собак, он никого не видел.

Сначала карлику всё-таки жилось неплохо. Работы не было почти никакой, а кормили его сытно, и старуха была им очень довольна. Но потом кошки что-то избаловались. Только старуха за дверь — они сейчас же давай носиться по комнатам как бешеные. Все вещи разбросают, да ещё посуду дорогую перебьют. Но стоило им услышать шаги Ахавзи на лестнице, они мигом прыг на перину, свернутся калачиком, подожмут хвосты и лежат как ни в чём не бывало.

А старуха видит, что в комнате разгром, и ну ругать Маленького Мука. Пусть сколько хочет оправдывается — она больше верит своим кошкам, чем слуге. По кошкам сразу видно, что они ни в чём не виноваты.

Бедный Мук очень горевал и наконец решил уйти от старухи. Госпожа Ахавзи обещала платить ему жалованье, да всё не платила.

«Вот получу с неё жалованье, — думал Маленький Мук, — сразу уйду. Если бы я знал, где у неё спрятаны деньги, давно бы сам взял, сколько мне следует».

В доме старухи была маленькая комнатка, которая всегда стояла запертой. Муку было очень любопытно, что такое в ней спрятано. И вдруг ему пришло на ум, что в этой комнате, может быть, лежат старухины деньги.

Ему ещё больше захотелось войти туда.

Как-то раз утром, когда Ахавзи ушла из дому, к Муку подбежала одна из собачонок и схватила его за полу (старуха очень не любила эту собачонку, а Мук, напротив, часто гладил и ласкал её). Собачонка тихо визжала и тянула карлика за собой. Она привела его в спальню старухи и остановилась перед маленькой дверью, которую Мук никогда раньше не замечал.

Собака толкнула дверь и вошла в какую-то комнатку; Мук пошёл за ней и застыл на месте от удивления: он оказался в той самой комнате, куда ему так давно хотелось попасть.

Вся комната была полна старых платьев и диковинной старинной посуды. Муку особенно понравился один кувшин — хрустальный, с золотыми рисунками. Он взял его в руки и начал рассматривать, и вдруг крышка кувшина — Мук и не заметил, что кувшин был с крышкой,— упала на пол и разбилась.

Бедный Мук не на шутку испугался. Теперь уж рассуждать не приходилось — надо было бежать: когда старуха вернётся и увидит, что он разбил крышку, она изобьёт его до полусмерти.

Мук в последний раз оглядел комнату, и вдруг он увидел в углу туфли. Они были очень большие и некрасивые, но его собственные башмаки совсем развалились. Муку даже понравилось, что туфли такие большие, — когда он их наденет, все увидят, что он уже не ребёнок.

Он быстро скинул башмаки с ног и надел туфли. Рядом с туфлями стояла тоненькая тросточка с львиной головой.

«Эта тросточка всё равно стоит здесь без дела, — подумал Мук.— Возьму уж и тросточку кстати».

Он захватил тросточку и бегом побежал к себе в комнату. В одну минуту он надел плащ и чалму, прицепил кинжал и помчался вниз по лестнице, торопясь уйти до возвращения старухи.

Выйдя из дома, он пустился бежать и мчался без оглядки, пока не выбежал из города в поле. Тут карлик решил немного отдохнуть. И вдруг он почувствовал, что не может остановиться. Ноги у него бежали сами и тащили его, как он ни старался их задержать. Он и падать пробовал и поворачиваться — ничего не помогало. Наконец он понял, что всё дело в его новых туфлях. Это они толкали его вперёд и не давали остановиться.

Мук совсем выбился из сил и не знал, что ему делать. В отчаянии он взмахнул руками и закричал, как кричат извозчику:

— Тпру! Тпру! Стой!

И вдруг туфли сразу остановились, и бедный карлик со всего маху упал на землю.

Он до того устал, что сразу заснул. И приснился ему удивительный сон. Он увидел во сне, что маленькая собачка, которая привела его в потайную комнату, подошла к нему и сказала:

— Милый Мук, ты ещё не знаешь, какие у тебя чудесные туфли. Стоит тебе три раза повернуться на каблуке, и они перенесут тебя, куда ты захочешь. А тросточка поможет тебе искать клады. Там, где зарыто золото, она стукнет о землю три раза, а там, где зарыто серебро, она стукнет два раза.

Когда Мук проснулся, он сразу захотел проверить, правду ли сказала маленькая собачонка. Он поднял левую ногу и попробовал повернуться на правом каблуке, но упал и больно ударился носом о землю. Он попытался ещё и ещё раз и наконец научился вертеться на одном каблуке и не падать. Тогда он потуже затянул пояс, быстро перевернулся три раза на одной ноге и сказал туфлям:

— Перенесите меня в соседний город.

И вдруг туфли подняли его на воздух и быстро, как ветер, побежали по облакам. Не успел Маленький Мук опомниться, как очутился в городе, на базаре.

Он присел на завалинке около какой-то лавки и стал думать, как бы ему раздобыть хоть немного денег. У него, правда, была волшебная тросточка, но как узнать, в каком месте спрятано золото или серебро, чтобы пойти и найти его? На худой конец, он мог бы показываться за деньги, но для этого он слишком горд.

И вдруг Маленький Мук вспомнил, что он умеет теперь быстро бегать.

«Может быть, мои туфли принесут мне доход, — подумал он. — Попробую-ка я наняться н королю в скороходы».

Он спросил хозяина лавки, как пройти во дворец, и через каких-нибудь пять минут уже подходил к дворцовым воротам. Привратник спросил его, что ему нужно, и, узнав, что карлик хочет поступить к королю на службу, повёл его к начальнику рабов. Мук низко поклонился начальнику и сказал ему:

— Господин начальник, я умею бегать быстрее всякого скорохода. Возьмите меня к королю в гонцы.

Начальник презрительно посмотрел на карлика и сказал с громким смехом:

— У тебя ножки тоненькие, как палочки, а ты хочешь поступить в скороходы! Убирайся подобру-поздорову. Я не для того поставлен начальником рабов, чтобы всякий урод надо мной потешался!

— Господин начальник, — сказал Маленький Мук,— я не смеюсь над вами. Давайте спорить, что я обгоню вашего самого лучшего скорохода.

Начальник рабов расхохотался ещё громче прежнего. Карлик показался ему до того забавным, что он решил не прогонять его и рассказать о нём королю.

— Ну ладно, — сказал он, — так уж и быть, я испытаю тебя. Ступай на кухню и готовься к состязанию. Тебя там накормят и напоят.

Потом начальник рабов отправился к королю и рассказал ему про диковинного карлика.

Король захотел повеселиться. Он похвалил начальника рабов за то, что тот не отпустил Маленького Мука, и приказал ему устроить состязание вечером на большом лугу, чтобы все его приближённые могли прийти посмотреть.

Принцы и принцессы услышали, какое будет вечером интересное зрелище, и рассказали своим слугам, а те разнесли эту новость по всему дворцу.

И вечером все, у кого только были ноги, пришли на луг посмотреть, как будет бегать этот хвастун карлик.

Когда король с королевой сели на свои места, Маленький Мук вышел на середину луга и отвесил низкий поклон. Со всех сторон раздался громкий хохот. Уж очень этот карлик был смешон в своих широких шароварах и длинных-предлинных туфлях. Но Маленький Мук нисколько не смутился. Он с гордым видом опёрся на свою тросточку, подбоченился и спокойно ждал скорохода.

Вот наконец появился и скороход. Начальник рабов выбрал самого быстрого из королевских бегунов. Ведь Маленький Мук сам захотел этого.

Скороход презрительно посмотрел на Мука и стал с ним рядом, ожидая знака начинать состязание.

— Раз, два, три! — крикнула принцесса Амарза, старшая дочь короля, и взмахнула платком.

Оба бегуна сорвались с места и помчались как стрела. Сначала скороход немножко обогнал карлика, но вскоре Мук настиг его и опередил. Он уже давно стоял у цели и обмахивался концом своей чалмы, а королевский скороход всё ещё был далеко. Наконец и он добежал до конца и, как мёртвый, повалился на землю. Король и королева захлопали в ладоши, и все придворные в один голос закричали:

— Да здравствует победитель — Маленький Мук!

Маленького Мука подвели к королю. Карлик низко поклонился ему и сказал:

— О могущественный король! Я сейчас показал тебе только часть моего искусства. Возьми меня к себе на службу.

— Хорошо, — сказал король.— Я назначаю тебя моим личным скороходом. Ты всегда будешь находиться при мне и исполнять мои поручения.

Маленький Мук очень обрадовался — наконец-то он нашёл своё счастье! Теперь он может жить безбедно и спокойно.

Король высоко ценил Мука и постоянно оказывал ему милости. Он посылал карлика с самыми важными поручениями, и никто лучше Мука не умел их исполнять. Но остальные королевские слуги были недовольны. Им очень не нравилось, что ближе всех к королю стал какой-то карлик, который только и умеет, что бегать. Они то и дело сплетничали на него королю, но король не хотел их слушать. Он всё больше и больше доверял Муку и вскоре назначил его главным скороходом.

Маленького Мука очень огорчало, что придворные ему так завидуют. Он долго старался что-нибудь придумать, чтобы они его полюбили. И наконец он вспомнил про свою тросточку, о которой совсем было позабыл.

«Если мне удастся найти клад, — раздумывал он, — эти гордые господа, наверно, перестанут меня ненавидеть. Говорят, что старый король, отец теперешнего, зарыл в своём саду большие богатства, когда к его городу подступили враги. Он, кажется, так и умер, никому не сказав, где закопаны его сокровища».

Маленький Мук только об этом и думал. Он целыми днями ходил по саду с тросточкой в руках и искал золото старого короля.

Как-то раз он гулял в отдалённом углу сада, и вдруг тросточка у него в руках задрожала и три раза ударила о землю. Маленький Мук весь затрясся от волнения. Он побежал к садовнику и выпросил у него большой заступ, а потом вернулся во дворец и стал ждать, когда стемнеет. Как только наступил вечер, карлик отправился в сад и начал копать в том месте, где стукнула палочка. Заступ оказался слишком тяжёл для слабых рук карлика, и он за час выкопал яму глубиной в каких-нибудь пол-аршина.

Долго ещё трудился Маленький Мук, и наконец его заступ ударился обо что-то твёрдое. Карлик наклонился над ямой и нащупал руками в земле какую-то железную крышку. Он поднял эту крышку и обомлел. При свете луны перед ним засверкало золото. В яме стоял большой горшок, доверху наполненный золотыми монетами.

Маленький Мук хотел вытащить горшок из ямы, но не мог: не хватило сил. Тогда он напихал в карманы и за пояс как можно больше золотых и потихоньку вернулся во дворец. Он спрятал деньги у себя в постели под периной и лёг спать, довольный и радостный.

На другое утро Маленький Мук проснулся и подумал: «Теперь всё переменится, и мои враги будут меня любить».

Он принялся раздавать своё золото направо и налево, но придворные стали только ещё больше ему завидовать. Главный повар Ахули злобно шептал:

— Смотрите, Мук делает фальшивые деньги.

Ахмед, начальник рабов, говорил:

— Он выпросил их у короля.

А казначей Архаз, самый злой враг карлика, который уже давно тайком запускал руку в королевскую сокровищницу, кричал на весь дворец:

— Карлик украл золото из королевской казны!

Чтобы наверняка узнать, откуда у Мука взялись деньги, его враги сговорились между собой и придумали такой план.

У короля был один любимый слуга, Корхуз. Он всегда подавал королю кушанья и наливал вино в его кубок. И вот как-то раз этот

Корхуз пришёл к королю грустный и печальный. Король сразу заметил это и спросил:

— Что с тобой сегодня, Корхуз? Почему ты такой грустный?

— Я грустный потому, что король лишил меня своей милости, — ответил Корхуз.

— Что ты болтаешь, мой добрый Корхуз! сказал король. — С каких это пор я лишил тебя своей милости?

— С тех пор, ваше величество, как к вам поступил ваш главный скороход, — ответил Корхуз. — Вы осыпаете его золотом, а нам, вашим верным слугам, не даёте ничего.

И он рассказал королю, что у Маленького Мука появилось откуда-то много золота и что карлик без счёту раздаёт деньги всем придворным. Король очень удивился и велел позвать к себе Архаза — своего казначея и Ахмеда — начальника рабов. Те подтвердили, что Корхуз говорит правду. Тогда король приказал своим сыщикам потихоньку проследить и узнать, откуда карлик достаёт деньги.

На беду, у Маленького Мука как раз в этот день вышло всё золото, и он решил сходить в свою сокровищницу. Он взял заступ и отправился в сад. Сыщики, конечно, пошли за ним, Корхуз и Архаз — тоже. В ту самую минуту, когда Маленький Мук положил в халат золото и хотел идти обратно, они бросились на него, связали ему руки и повели его к королю.

А этот король очень не любил, когда его будили среди ночи. Он встретил своего главного скорохода злой и недовольный и спросил сыщиков:

— Где вы накрыли этого бесчестного карлика?

— Ваше величество, — сказал Архаз, — мы поймали его как раз в ту минуту, когда он зарывал это золото в землю.

— Правду ли они говорят? — спросил король карлика. — Откуда у тебя столько денег?

— Милостивый король, — простодушно ответил карлик, — я ни в чём не виноват. Когда ваши люди меня схватили и связали мне руки, я не зарывал это золото в яму, а, напротив, вынимал его оттуда.

Король решил, что Маленький Мук всё лжёт, и страшно рассердился.

— Несчастный! — закричал он. — Ты сначала меня обокрал, а теперь хочешь обмануть такой глупой ложью! Казначей! Правда ли, что здесь как раз столько золота, сколько не хватает в моей казне?

— В вашей казне, милостивый король, не хватает гораздо больше, — ответил казначей. — Могу поклясться, что это золото украдено из королевской сокровищницы.

— Заковать карлика в железные цепи и посадить его в башню! — закричал король. — А ты, казначей, пойди в сад, возьми всё золото, которое найдёшь в яме, и положи его обратно в казну.

Казначей исполнил приказание короля и принёс горшок с золотом в сокровищницу.

Он принялся считать блестящие монетки и пересыпать их в мешки. Наконец в горшке больше ничего не осталось. Казначей в последний раз заглянул в горшок и увидел на дне его бумажку, на которой было написано:

«Враги напали на мою страну. Я закопал в этом месте часть моих сокровищ. Пусть знает всякий, кто найдёт это золото, что если он сейчас же не отдаст его моему сыну, он лишится милости своего короля.

Король Сади».

Хитрый казначей разорвал бумажку и решил никому не говорить про неё.

А Маленький Мук сидел в высокой дворцовой башне и думал, как ему спастись. Он знал, что за кражу королевских денег его должны казнить, но ему всё-таки не хотелось рассказывать королю про волшебную трость: ведь король сейчас же её отнимет, а с нею вместе, пожалуй, и туфли. Туфли всё ещё были у карлика на ногах, но от них не было никакого проку — Маленький Мук был прикован к стене короткой железной цепью и никак не мог повернуться на каблуке.

Утром в башню пришёл палач и приказал карлику готовиться к казни. Маленький Мук понял, что раздумывать нечего, — надо открыть королю свою тайну. Ведь всё-таки лучше жить без волшебной палочки и даже без туфель-скороходов, чем умереть на плахе.

Он попросил короля выслушать его наедине и всё ему рассказал. Король сначала не поверил и решил, что карлик всё это выдумал.

— Ваше величество, — сказал тогда Маленький Мук, — обещайте мне пощаду, и я вам докажу, что говорю правду.

Королю было интересно проверить, обманывает его Мук или нет. Он велел потихоньку закопать в своём саду несколько золотых монет и приказал Муку найти их. Карлику не пришлось долго искать. Как только он дошёл до того места, где было закопано золото, палочка три раза ударила о землю. Король понял, что казначей сказал ему неправду, и велел его казнить вместо Мука. А карлика он позвал к себе и сказал:

— Я обещал не убивать тебя и сдержу своё слово. Но ты, наверно, открыл мне не все твои тайны. Ты будешь сидеть в башне до тех пор, пока не скажешь мне, отчего ты так быстро бегаешь.

Бедному карлику очень не хотелось возвращаться в тёмную холодную башню. Он рассказал королю про свои чудесные туфли, но самого главного — как их остановить — не сказал. Король решил сам испытать эти туфли. Он надел их, вышел в сад и как бешеный помчался по дорожке. Скоро он захотел остановиться, но не тут-то было. Напрасно он хватался за кусты и деревья — туфли всё тащили и тащили его вперёд.

А карлик стоял и посмеивался. Ему было очень приятно хоть немного отомстить этому жестокому королю.

Наконец король выбился из сил и упал на землю. Опомнившись немного, он вне себя от ярости набросился на карлика.

— Так вот как ты обращаешься со своим королём! — закричал он. — Я обещал тебе жизнь и свободу, но если ты через двенадцать часов ещё будешь на моей земле, я тебя поймаю, и тогда уж не рассчитывай на пощаду. А туфли и тросточку я возьму себе.

Бедному карлику ничего не оставалось, как поскорей убираться из дворца.

Печально поплёлся он по городу. Он был такой же бедный и несчастный, как прежде, и горько проклинал свою судьбу.

Страна этого короля была, к счастью, не очень большая, так что уже через восемь часов карлик дошёл до границы. Теперь он был в безопасности, и ему захотелось отдохнуть. Он свернул с проезжей дороги и вошёл в густой лес. Там он отыскал хорошее местечко около пруда, под густыми деревьями, и лёг на траву.

Маленький Мук так устал, что почти сейчас же заснул. Спал он очень долго и, когда проснулся, почувствовал, что голоден. Над его головой, на деревьях, висели винные ягоды — спелые, мясистые, сочные. Карлик взобрался на дерево, сорвал несколько ягод и с удовольствием съел их. Потом ему захотелось пить. Он подошёл к пруду, наклонился над водой и весь похолодел: из воды на него смотрела огромная голова с ослиными ушами и длинным-предлинным носом.

Маленький Мук в ужасе схватился за уши. Они и вправду были длинные, как у осла.

— Так мне и надо! — закричал бедный Мук. — У меня было в руках моё счастье, а я, как осёл, погубил его.

Он долго ходил под деревьями, всё время ощупывая свои уши, и наконец опять проголодался. Пришлось снова приняться за винные ягоды. Ведь больше есть было нечего.

Наевшись досыта, Маленький Мук, по привычке, поднёс руки к голове и радостно вскрикнул: вместо длинных ушей у него опять были его собственные уши. Он сейчас же побежал к пруду и посмотрелся в воду. Нос у него тоже стал такой же, как прежде.

«Как же это могло случиться?» — подумал карлик. И вдруг он сразу всё понял: первое дерево, с которого он поел ягод, наградило его ослиными ушами, а от ягод второго они исчезли.

Маленький Мук мигом сообразил, какое ему опять привалило счастье. Он нарвал с обоих деревьев столько ягод, сколько мог снести, и пошёл обратно в страну жестокого короля.

В ту пору была весна, и всякие ягоды и плоды считались редкостью.

Вернувшись в тот город, где жил король, Маленький Мук переоделся, чтобы никто его не мог узнать, наложил полную корзину ягод с первого дерева и пошёл к королевскому дворцу. Дело было утром, и перед воротами дворца сидело много торговок со всякими припасами. Мук также уселся рядом с ними. Вскоре из дворца вышел главный повар и принялся обходить торговок и осматривать

их товар. Дойдя до Маленького Мука, повар увидел винные ягоды и очень обрадовался.

— Ага, сказал он, — вот подходящее лакомство для короля! Сколько ты хочешь за всю корзину?

Маленький Мук не стал дорожиться, и главный повар взял корзину с ягодами и ушёл. Только он успел уложить ягоды на блюдо, как король потребовал завтрак. Он кушал с большим удовольствием и то и дело похваливал своего повара. А повар только посмеивался себе в бороду и говорил:

— Подождите, ваше величество, самое вкусное блюдо ещё впереди.

Все, кто были за столом: придворные, принцы и принцессы, — напрасно старались догадаться, какое лакомство приготовил им сегодня главный повар. И когда наконец на стол подали хрустальное

блюдо, полное спелых винных ягод, все в один голос воскликнули: «Ах!» — и даже захлопали в ладоши.

Король сам взялся делить ягоды.

Принцы и принцессы получили по две штуки, придворным досталось по одной, а остальные король приберёг для себя — он был очень жадный и любил сладкое.

Король положил ягоды на тарелку и с удовольствием принялся их есть.

— Отец, отец, — вдруг закричала принцесса Амарза, — что такое сделалось с твоими ушами?

Король потрогал свои уши руками и вскрикнул от ужаса. Уши у него стали длинные, как у осла. Нос тоже вдруг вытянулся до самого подбородка. Принцы, принцессы и придворные были немногим лучше на вид: у каждого на голове появилось такое же украшение.

— Доктора, доктора скорей! — закричал король.

Сейчас же послали за докторами. Их пришла целая толпа. Они прописывали королю разные лекарства, но лекарства не помогли. Одному принцу даже сделали операцию — отрезали уши, но они снова отросли.

Маленький Мук скрывался в одном потайном месте. Дня через два он решил, что пришло время действовать. На деньги, полученные за винные ягоды, он купил себе большой чёрный плащ и высокий остроконечный колпак. Чтобы его совсем не могли узнать, он привязал себе к подбородку длинную белую бороду. Захватив с собой корзину ягод со второго дерева, карлик пришёл во дворец и сказал, что может вылечить короля. Сначала ему никто не поверил. Тогда Мук предложил одному принцу попробовать его лечение. Принц съел несколько ягод, и длинный нос и ослиные уши у него пропали. Тут уж придворные толпой бросились к чудесному доктору.

Но король опередил всех. Он молча взял карлика за руку, привёл его в свою сокровищницу и сказал:

— Вот перед тобой все мои богатства. Бери что хочешь, только вылечи меня от этой постыдной болезни.

Маленький Мук сейчас же заметил в углу комнаты свою волшебную тросточку и туфли-скороходы. Он принялся ходить взад и вперёд, словно разглядывая королевские богатства, и незаметно подошёл к туфлям. Мигом надел он их на ноги, схватил тросточку и сорвал с подбородка бороду.

Король чуть не упал от удивления, увидев знакомое лицо своего главного скорохода.

— Злой король! — закричал Маленький Мук. — Так-то ты отплатил мне за мою верную службу? Оставайся же на всю жизнь длинноухим уродом и вспоминай Маленького Мука!

Он быстро повернулся три раза на каблуке и, прежде чем король успел сказать слово, был уже далеко.

С тех пор Маленький Мук живёт в нашем городе. Ты видишь, как много приключений он испытал. Его нужно уважать, хоть он с виду и смешной.

Вот какую историю рассказал мне мой отец. Я передал всё это другим мальчишкам, и ни один из нас никогда больше не смеялся над карликом. Напротив, мы его очень уважали и так низко кланялись ему на улице, словно он был начальник города или главный судья.